SALATE

Für 2 Personen
1 Römersalatherz
3–4 kleine Strauchtomaten
1 reife Avocado
100 g Feta
8 schwarze Oliven
4 EL Limettensaft
Salz, Pfeffer
2 EL Olivenöl
100 g saure Sahne
1 rote Peperoni
Zubereitung: 25 Min.
pro Portion ca. 500 kcal

AVOCADOSALAT MIT FETA

Weckt Sommergefühle

1 Salat in Blätter zerlegen, waschen, putzen und zerpflücken. Tomaten abbrausen und in Scheiben schneiden. Avocado schälen, halbieren, Stein entfernen, eine Hälfte in Spalten schneiden. Feta würfeln. Alle Zutaten und die Oliven in zwei Schalen dekorativ anrichten. 2 EL Limettensaft mit 2 EL Wasser, Salz, Pfeffer und Öl verrühren, darüber träufeln.

2 Die zweite Avocadohälfte mit dem übrigen Limettensaft, Salz, Pfeffer und saurer Sahne pürieren. Peperoni putzen, entkernen und winzig klein würfeln, unterheben. Das Dressing auf dem Salat verteilen. Dazu schmeckt knuspriges Weißbrot.

Für 2 Personen
100 g Tagliatelle
Salz
1 kleiner Radicchio
2 Frühlingszwiebeln
1 Dose Thunfisch naturell (140 g)
100 g Kirschtomaten
2 EL Essig, Pfeffer
1 EL Pesto
3 EL Olivenöl
2–3 Stängel Basilikum
Zubereitung: 30 Min.
pro Portion ca. 525 kcal

ITALIENISCHER NUDELSALAT

Leicht und mediterran

1 Nudeln in Salzwasser nach Packungsangabe garen, dann abgießen, abschrecken und abtropfen lassen. Inzwischen den Radicchio putzen, vierteln und in Streifen schneiden. Frühlingszwiebeln waschen, putzen und in feine Scheiben teilen. Tomaten abbrausen und vierteln. Thunfisch abtropfen lassen und zerpflücken.

2 In einer Schüssel Essig, Salz, Pfeffer und Pesto verquirlen, Öl und 3 EL Nudelkochwasser unterschlagen. Nudeln, Radicchio, Frühlingszwiebeln, Tomaten und Thunfisch untermischen. Mit Salz und Pfeffer abschmecken. Basilikum abzupfen, grob zerkleinern und auf den Salat streuen.

Für 2 Personen
4 Dörraprikosen
100 g Instant-Couscous
1 rote Spitzpaprika
50 g junger Blattspinat (ersatzweise Rucola)
1 kleine rote Zwiebel
2–3 EL Zitronensaft
1–2 TL Chilipulver
Salz, Pfeffer
2 EL Olivenöl
100 g Sahnejoghurt
Zubereitung: 20 Min.
pro Portion ca. 370 kcal

COUSCOUS-SPINAT-SALAT

Süß und scharf

1 Aprikosen klein würfeln, unter den Couscous mischen, mit 200 ml kochend heißem Wasser übergießen. 5 Min. bei milder Hitze ausquellen lassen, dann mit einer Gabel auflockern.

2 Inzwischen die Paprika waschen, halbieren, entkernen und in kleine Würfel schneiden. Spinat verlesen, waschen, putzen, Blätter grob hacken. Zwiebel schälen und fein würfeln.

3 Für das Dressing Zitronensaft, Chilipulver, Salz und Pfeffer mit dem Öl verrühren. Couscous mit Aprikosen, Paprika, Zwiebel und Spinat untermischen. Mit Salz und Pfeffer abschmecken. Je einen Klecks Joghurt obendrauf geben.

Für 2 Personen
100 g rote Linsen
¼ l Gemüsebrühe
2 Frühlingszwiebeln
1 Bio-Minigurke
100 g Mais (Dose)
125 g Shrimps (Kühlregal)
1 EL Weißweinessig
1 EL süßsaure Chilisauce
Salz, Pfeffer
2 EL Öl
4 Stängel Petersilie
Zubereitung: 30 Min.
pro Portion ca. 510 kcal

ASIA-LINSENSALAT MIT SHRIMPS

Für Asia-Fans

1 Die Linsen in die kochende Brühe einstreuen, zugedeckt bei milder Hitze in 6–7 Min. bissfest garen. Abgießen und gut abtropfen lassen.

2 Inzwischen Frühlingszwiebeln waschen, putzen und in feine Ringe schneiden. Gurke gut waschen, längs halbieren und in Scheiben schneiden. Mais und Shrimps auf einem Sieb kurz abbrausen und gut abtropfen lassen.

3 Essig, Chilisauce, Salz, Pfeffer und Öl gründlich verquirlen, Linsen, Gemüse und Shrimps unterheben. Petersilie abbrausen, trocken schütteln, grob hacken, darüberstreuen.

Für 2 Personen
½ Bund Radieschen
4 Cornichons
1 kleine weiße Zwiebel
125 g Fleischwurst
100 g Emmentaler
2–3 EL Weißweinessig
1 TL scharfer Senf
Salz, Pfeffer, 2 EL Öl
¼ Bund Schnittlauch
40 g Backerbsen
(Fertigprodukt)
Zubereitung: 20 Min.
pro Portion ca. 560 kcal

WURSTSALAT MIT BACKERBSEN

Klassiker mal anders

1 Radieschen putzen, waschen und mit den Cornichons in dünne Scheiben schneiden. Zwiebel schälen und in feine Ringe schneiden. Wurst pellen und in dünne Scheiben, Käse in ca. 1 cm breite Streifen schneiden.

2 Essig, 2 EL Wasser, Senf, Salz, Pfeffer und Öl gründlich verrühren. Die vorbereiteten Zutaten mischen und auf zwei großen Tellern anrichten. Mit der Vinaigrette beträufeln. Schnittlauch waschen, trocken schütteln und in feine Röllchen schneiden, mit den Backerbsen auf den Salat streuen. Dazu schmeckt eine Laugenbrezel oder Roggenbrot.

E.P.

Für 2 Personen
150 g Möhren
100 g Zuckerschoten
Salz
1 EL Pinienkerne
2 EL weißer Balsamessig
Pfeffer
3 EL Olivenöl
150 g fertige Salatmischung (Kühlregal)
150 g kleine Mozzarellakugeln
Zubereitung: 20 Min.
pro Portion ca. 385 kcal

BUNTER GEMÜSE-BLATTSALAT

Purer Salatgenuss

1 Möhren putzen, schälen und schräg in Scheiben schneiden, Zuckerschoten putzen und halbieren, zusammen in kochendem Salzwasser 2 Min. blanchieren, abschrecken, abtropfen lassen.

2 Inzwischen die Pinienkerne in einer beschichteten Pfanne ohne Fett rösten. Essig, Salz, Pfeffer und Öl verrühren.

3 Salatblätter waschen, trocken schleudern und mit Möhren, Zuckerschoten und Mozzarellakugeln auf zwei Tellern anrichten. Dressing darüberträufeln, mit den Pinienkernen bestreuen. Dazu schmeckt Ciabatta oder Baguette.

SUPPEN

Für 2 Personen
300 g Möhren
1 mittelgroße mehlig kochende Kartoffel
1 kleine Zwiebel
1 Knoblauchzehe
1 EL Butter
¼ l Gemüsebrühe
150 g Kokosmilch (Dose)
2 EL Kokosraspel
2–3 TL rote Currypaste
½ TL brauner Zucker
Salz
1 EL Limettensaft
Zubereitung: 30 Min.
pro Portion ca. 210 kcal

MÖHREN-CURRY-SUPPE

Bringt Sonne in den Teller

1 Möhren und Kartoffel schälen und würfeln. Zwiebel und Knoblauch schälen und fein hacken.

2 Butter erhitzen, Zwiebel darin glasig dünsten. Möhren und Knoblauch dazugeben, 2–3 Min. dünsten. Mit der Brühe und Kokosmilch ablöschen. Aufkochen, Kartoffel zufügen, alles in 12 Min. weich kochen. Inzwischen Kokosraspel in einer trockenen Pfanne goldbraun rösten.

3 Suppe mit dem Stabmixer pürieren. Mit Currypaste, Zucker, Salz und Limettensaft abschmecken. Kokosraspel auf die Suppe streuen.

Für 2 Personen
200 g Tofu
4 EL Sojasauce
2 Knoblauchzehen
1 rote Paprikaschote
100 g Zuckerschoten
3 Frühlingszwiebeln
2 EL Öl
600 ml Gemüsebrühe
50 g Mie-Nudeln
Pfeffer
½ Bund Petersilie
Zubereitung: 30 Min.
pro Portion ca. 325 kcal

ASIATISCHE NUDELSUPPE MIT TOFU

Vitaminknackiger Suppenhit

1 Tofu würfeln, mit 1 EL Sojasauce beträufeln. Knoblauch schälen und in dünne Scheiben schneiden. Paprika waschen und in feine Streifen schneiden. Zuckerschoten abbrausen, quer halbieren. Frühlingszwiebeln waschen, putzen und in dünne Ringe schneiden.

2 Öl erhitzen. Knoblauch anrösten. Paprika und Zuckerschoten dazugeben, 2–3 Min. mitdünsten. Mit der Brühe ablöschen, übrige Sojasauce einrühren, aufkochen. Nudeln grob zerbrechen, in der Suppe 5 Min. bei milder Hitze gar ziehen lassen. Übrige Zutaten zufügen, pfeffern. Petersilie waschen, hacken und aufstreuen.

Für 2 Personen
1 zarte Stange Lauch
1 EL Butter
1 EL Mehl
400 ml Hühnerbrühe
1 kleine Dose Mais (140 g Abtropfgewicht)
125 g gekochter Schinken
75 g Kirschtomaten
75 g Sahne
Salz, Pfeffer
1 Kästchen Kresse
Zubereitung: 30 Min.
pro Portion ca. 500 kcal

MAISSUPPE MIT SCHINKEN

Cremig milder Suppentopf

1 Lauch waschen, putzen und in Ringe schneiden, in der zerlassenen Butter 2 Min. andünsten. Mehl darüberstäuben und kurz anschwitzen. Brühe dazugießen und aufkochen lassen. Mais auf einem Sieb abtropfen lassen, dazugeben und alles 5 Min. bei mittlerer Hitze kochen.

2 Inzwischen den Schinken würfeln. Tomaten waschen und halbieren. Beides mit der Sahne in die Suppe geben und bei milder Hitze 5 Min. ziehen lassen. Mit Salz und Pfeffer würzen. Vor dem Servieren Kresse abschneiden und über die Suppe streuen.

Für 2 Personen
125 g Lachsfilet (ohne Haut)
Salz, Pfeffer, 1 EL Öl
50 g TK-Erbsen
300 g grüner Spargel
2 Schalotten
1 EL Butter
50 ml Weißwein
¼ l Hühnerfond (Glas)
½ Bund Basilikum
100 g Sahne
Zubereitung: 30 Min.
pro Portion ca. 475 kcal

GRÜNE SPARGELSUPPE MIT LACHS

Weckt Frühlingsgefühle

1 Fischfilet waschen, trocken tupfen, salzen, pfeffern und im Öl bei starker Hitze 2 Min. auf jeder Seite braten. Abkühlen lassen.

2 Erbsen antauen. Spargel waschen, putzen und in Stücke schneiden. Schalotten schälen, fein würfeln und in der Butter andünsten. Mit Wein und Fond auffüllen, aufkochen. Spargel zufügen, 6 Min. garen. Basilikum abzupfen und bis auf ein paar Blätter grob hacken.

3 Suppe vom Herd nehmen, Basilikum zufügen und glatt pürieren. Sahne und Erbsen einrühren, salzen und pfeffern, 2 Min. kochen. Lachs in Stücke schneiden. Auf der Suppe anrichten, mit Basilikum garnieren.

Für 2 Personen
400 g mehlig kochende Kartoffeln
2 Schalotten
½ Bund Petersilie
1 EL Butter
½ l Gemüsebrühe
2 EL gehobelte Mandeln
100 g Schmant
Salz
Pfeffer
Zubereitung: 30 Min.
pro Portion ca. 355 kcal

KARTOFFEL-PETERSILIEN-SUPPE

Sämiger Sattmacher

1 Kartoffeln schälen, waschen und würfeln. Schalotten schälen und fein hacken. Petersilie abbrausen, trocken schütteln, Blätter abzupfen und grob hacken.

2 Die Butter zerlassen, Schalotten und die Hälfte der Petersilie andünsten. Kartoffeln zugeben, mit der Brühe aufgießen. Alles aufkochen und 15 Min. bei mittlerer Hitze garen.

3 Inzwischen die Mandeln in einer Pfanne ohne Fett anrösten. Kartoffeln in der Brühe pürieren, Schmant und übrige Petersilie unterrühren. Mit Salz und Pfeffer würzen, mit gerösteten Mandeln bestreut servieren.

Für 2 Personen
1 kleine Zwiebel
2 EL Olivenöl
2 EL Tomatenmark
400 g gehackte Tomaten (Dose)
400 g Hühnerbrühe
1 reife Avocado
1 EL Zitronensaft, Salz
½ TL Cayennepfeffer
1 EL Crème fraîche
¼ Bund Schnittlauch
Zubereitung: 25 Min.
pro Portion ca. 355 kcal

TOMATEN-CHILI-SUPPE MIT AVOCADO

Mexikanisch scharf

1 Die Zwiebel schälen, fein würfeln und in dem heißen Öl glasig dünsten. Tomatenmark einrühren, kurz anschwitzen, Tomaten und Brühe zugeben und bei milder Hitze 5 Min. kochen.

2 Die Avocado schälen, in Würfel schneiden, mit Zitronensaft und Salz mischen. Suppe glatt pürieren, mit Salz und Cayennepfeffer würzen. Hälfte der Avocadowürfel auf Teller geben, mit Suppe auffüllen. Crème fraîche mit 1 EL Wasser verrühren, darauf verteilen. Schnittlauch waschen, fein schneiden und zum Schluss darüberstreuen. Restliche Avocado dazu reichen.

GEFLÜGELTES

Für 2 Personen
250 g Putenbrust
Salz
Pfeffer
je 1 rote und grüne Paprikaschote
1 Zwiebel
2 Knoblauchzehen
2 EL Öl
je 1 TL edelsüßes und rosenscharfes Paprikapulver
1 Dose passierte Tomaten (200 g)
6 EL Hühnerbrühe
125 g 10-Minuten-Reis
Zubereitung: 25 Min.
pro Portion ca. 405 kcal

SERBISCHES PUTEN-REISFLEISCH

Macht satt und zufrieden

1 Putenbrust waschen, trocken tupfen und würfeln, mit Salz und Pfeffer würzen. Paprikaschoten in 2 cm große Würfel schneiden. Zwiebel schälen und würfeln. Knoblauch schälen.

2 Das Öl in einer Pfanne erhitzen. Fleisch darin bei starker Hitze unter Wenden in 3 Min. braun anbraten. Zwiebel und Paprika zufügen, kurz andünsten. Knoblauch dazupressen. Mit Paprikapulver bestäuben, anschwitzen. Tomaten einrühren, Brühe und Reis zufügen. Zugedeckt bei milder Hitze 10 Min. garen. Mit Salz und Pfeffer abschmecken.

Für 2 Personen
1 Entenbrustfilet (ca. 350 g)
Salz, Pfeffer
300 g vorgegarte Rote Bete (Kühlregal)
1 große Orange
1 EL Rotweinessig
2–3 EL Walnussöl
30 g Walnusskerne
2 EL Schnittlauchröllchen
Zubereitung: 30 Min.
pro Portion ca. 695 kcal

ENTENBRUST MIT ROTE-BETE-SALAT

Erfreut Gast und Gastgeber

1 Entenfilet waschen, trocken tupfen, die Haut rautenförmig einschneiden, salzen und pfeffern. 10 Min. bei starker Hitze anbraten, zwischendurch wenden. Noch 10 Min. bei mittlerer Hitze weiterbraten, in Folie wickeln, 5 Min. ruhen lassen.

2 Inzwischen Rote Bete in Scheiben schneiden. Orange schälen, Filets zwischen den Trennhäuten herausschneiden, Saft auffangen. 3 EL Orangensaft, Essig, Salz, Pfeffer und Öl verrühren, Rote Bete und Orange unterheben. Nüsse hacken, mit dem Schnittlauch über den Salat streuen. Filet schräg in Scheiben schneiden und dazuservieren.

Für 2 Personen
300 g Hähnchenbrustfilet
1 TL edelsüßes Paprikapulver
½ Salatgurke
4 kleine Tomaten
150 g Sahnejoghurt
5 EL Olivenöl
Salz, Pfeffer
½ Bund Petersilie
150 g Ciabatta
1 Knoblauchzehe
½ TL Chiliflocken
Zubereitung: 30 Min.
pro Portion ca. 680 kcal

HÄHNCHEN-GYROS AUS DER PFANNE

Stoppt jeden Döner-Hunger

1 Fleisch in feine Streifen schneiden, mit Paprika würzen. Gurke schälen, längs vierteln, in Scheiben schneiden. Tomaten waschen und vierteln. Joghurt mit 1 EL Olivenöl, Salz und Pfeffer verrühren. Petersilie grob hacken.

2 Brot würfeln und in 2 EL Öl anrösten. Knoblauch schälen, durchpressen und unterrühren, vom Herd nehmen. Fleisch in 2 EL sehr heißem Öl in 2–3 Min. scharf anbraten, salzen, pfeffern.

3 Tomaten, Gurken und Croûtons anrichten. Erst die Joghurtsauce, dann das Fleisch daraufgeben. Mit Petersilie und Chiliflocken bestreuen.

Für 2 Personen
1 Schalotte
1 Stück Ingwer (ca. 1 cm)
3 EL Öl
1 Knoblauchzehe
⅛ l ungesüßte Kokosmilch (Dose)
300 g Putenschnitzel
75 g Erdnusscreme »Crunchy«
2 EL Sojasauce
1–2 TL Sambal oelek
1 Limette, Salz
6–8 Saté- oder Holzspieße
Zubereitung: 30 Min.
pro Portion ca. 545 kcal

PUTEN-SATÉ MIT ERDNUSSSAUCE

Feines Fingerfood

1 Schalotte und Ingwer schälen, fein würfeln und in 1 EL Öl andünsten. Knoblauch schälen, dazupressen. Kokosmilch, Erdnusscreme und 5 EL Wasser einrühren. 10 Min. leise kochen lassen.

2 Fleisch waschen, trocken tupfen und in dünne, lange Streifen schneiden, wellenförmig auf Spieße stecken und mit Sojasauce beträufeln. Übriges Öl in einer Grillpfanne stark erhitzen. Spieße darin 3 Min. auf jeder Seite braten.

3 Sauce mit Sambal oelek, 1 EL Limettensaft und Salz abschmecken, zu den Spießen servieren. Mit Limettenspalten garnieren.

Für 2 Personen
2 Hähnchenbrustfilets (à ca. 150 g)
Salz
Pfeffer
30 g gehackte Mandeln
4 Tomaten
150 g Schalotten
3 EL Olivenöl
5 Zweige Thymian
50 ml Sherry medium (oder Hühnerbrühe)
Zubereitung: 30 Min.
pro Portion ca. 425 kcal

MANDEL-HUHN AUF TOMATEN

Lässt den Gaumen Flamenco tanzen

1 Backofen auf 200° (Umluft 180°) vorheizen. Hähnchenfilets waschen, trocken tupfen, salzen und pfeffern, in den Mandeln wenden. Tomaten waschen, vierteln, entkernen und würfeln. Schalotten schälen und halbieren oder vierteln.

2 1 EL Öl erhitzen, Schalotten 3 Min. dünsten. Tomaten dazugeben, salzen und pfeffern. Gemüse in eine ofenfeste Form geben. Thymian zufügen, mit Sherry begießen.

3 Mandel-Hähnchen im übrigen Öl von beiden Seiten 1 Min. bei starker Hitze anbraten. Auf das Tomatenragout legen. Im Ofen (2. Schiene von unten) in 12–14 Min. fertig braten.

Für 2 Personen
2 Hähnchenkeulen
(à ca. 250 g)
Salz, Pfeffer
2 EL Olivenöl
150 g Schalotten
2 Knoblauchzehen
200 g Möhren
125 g Staudensellerie
125 g Bulgur
1 Zweig Rosmarin
2 TL Tomatenmark
400 ml Hühnerbrühe
½ Bund Petersilie
Zubereitung: 30 Min.
pro Portion ca. 575 kcal

HÄHNCHENKEULEN MIT GEMÜSE-BULGUR

Sattmacher aus dem Rohr

1 Backofen auf 200° vorheizen. Hähnchenkeulen waschen, trocken tupfen, salzen und pfeffern. Öl in einem Bräter erhitzen, Keulen 6–7 Min. rundum braun anbraten, herausnehmen.

2 Inzwischen Schalotten, Knoblauch und Möhren schälen, Sellerie putzen. Alles in Scheiben schneiden. Gemüse, Bulgur und Rosmarin im Bratfett 2–3 Min. andünsten. Salzen und pfeffern, Tomatenmark unterrühren, Brühe dazugießen, aufkochen lassen. Keulen daraufsetzen, im Ofen (2. Schiene von unten) 20–25 Min. garen. Petersilie hacken und darüberstreuen.

STEAKS

Für 2 Personen
2 Rumpsteaks (à ca. 180 g)
2 EL Olivenöl, Salz
1 TL Chilipulver
100 g Mais (Dose)
1 Dose Kidneybohnen (240 g)
1 rote Zwiebel
1 Knoblauchzehe
200 g passierte Tomaten
⅛ l Gemüsebrühe
1 TL getrockneter Oregano
Tabasco
Zubereitung: 30 Min.
pro Portion ca. 650 kcal

RUMPSTEAKS MIT CHILI-GEMÜSE

Stillt jeden Fleischhunger

1 Die Steaks trocken tupfen. Öl stark erhitzen, Steaks von jeder Seite 1 Min. scharf anbraten. Wenden, noch 2–3 Min. weiterbraten. Herausnehmen, auf beiden Seiten salzen, mit Chilipulver einreiben und warm halten.

2 Inzwischen Mais und Bohnen abgießen und abtropfen lassen. Zwiebel schälen, würfeln und im Bratfett glasig dünsten. Knoblauch schälen, dazupressen. Tomatenpüree, Brühe, Mais, Bohnen und Oregano zugeben, aufkochen und alles bei milder Hitze 10 Min. offen schmoren. Mit Salz und Tabasco scharf abschmecken.

Für 2 Personen
2 Rinderhüftsteaks (à ca. 170 g), Salz
1 TL 5-Gewürze-Pulver (oder China-Würzmischung)
250 g Austernpilze
8 Frühlingszwiebeln
2 EL Öl
Pfeffer
¼ TL Zucker
2–3 EL Sojasauce
Zubereitung: 20 Min.
pro Portion ca. 400 kcal

RINDERSTEAKS MIT AUSTERNPILZEN

Macht was her

1 Steaks trocken tupfen, beidseitig mit Salz und 5-Gewürze-Pulver einreiben. Pilze putzen und grob zerteilen. Frühlingszwiebeln waschen, putzen und in 2 cm lange Stücke schneiden.

2 1 EL Öl stark erhitzen. Steaks von jeder Seite 1 Min. scharf anbraten, Hitze verringern und weitere 3 Min. auf jeder Seite braten. Aus der Pfanne nehmen, in Alufolie wickeln.

3 Austernpilze und Frühlingszwiebeln mit dem übrigen Öl 1 Min. unter Rühren braten, pfeffern. Mit Zucker würzen und mit Sojasauce ablöschen. Steaks mit dem Pilzgemüse servieren. Dazu schmeckt Reis oder Baguette

Zutaten für 2 Personen
2 Schweinerücken-
steaks (à ca. 125 g)
Salz
Pfeffer
2 EL Butterschmalz
150 g Hühnerfond
(Glas)
150 g Sahne
1 TL scharfer Senf
2 TL körniger Senf
1 TL flüssiger Honig
½ Bund Dill
200 g TK-Rösti
Zubereitung: 20 Min.
pro Portion ca. 645 kcal

SCHWEINESTEAKS MIT SENF-DILL-SAUCE

Rustikal und delikat

1 Steaks flach klopfen, beidseitig salzen und pfeffern. In 1 EL heißem Schmalz in einer Pfanne auf jeder Seite 2 Min. scharf anbraten. Herausnehmen, in Alufolie warm halten.

2 Fond in die Pfanne gießen, Bratensatz unter Rühren loskochen. Sahne einrühren und in 5 Min. bei starker Hitze cremig einkochen lassen. Mit beiden Senfsorten, Honig, Salz und Pfeffer abschmecken. Dill fein hacken und dazugeben. Gleichzeitig die Rösti im übrigen Schmalz von beiden Seiten in 5–6 Min. goldbraun braten. Zu Steaks und Senfsauce servieren.

Für 2 Personen
2 Schweinenacken-steaks (à ca. 180 g)
Salz
Pfeffer
1 rote Paprikaschote
2 Zwiebeln
2 EL Öl
2 Knoblauchzehen
⅛ l Fleischbrühe
100 g scharfer Ajvar (Paprikamark)
Zubereitung: 25 Min.
pro Portion ca. 500 kcal

PIKANTE PAPRIKA-STEAKS

Schneller Feierabend-Genuss

1 Fleisch waschen, trocken tupfen, beidseitig salzen und pfeffern. Paprikaschote halbieren, entkernen, waschen und in feine Streifen schneiden. Zwiebeln schälen und fein würfeln.

2 In einer Pfanne 1 EL Öl erhitzen, Steaks darin von jeder Seite 3 Min. scharf anbraten. Herausnehmen und warm halten.

3 Übriges Öl erhitzen, Zwiebel und Paprika dazugeben, 2 Min. braten. Knoblauch schälen und dazupressen. Brühe und Ajvar einrühren, 1 Min. kochen lassen. Mit Salz und Pfeffer abschmecken. Steaks in der Sauce kurz erwärmen. Dazu passen Reisnudeln und Salat.

Für 2 Personen
½ Bund Petersilie
6 Zweige Thymian
3 EL Butter
abgeriebene Schale
½ Bio-Zitrone
Salz, Pfeffer
2–3 EL Semmelbrösel
300 g Lammlachse
(Lammrückenfilet)
1 EL Olivenöl
100 g Joghurt
1 EL gehackte Minze
Backpapier
Zubereitung: 25 Min.
pro Portion ca. 735 kcal

LAMM MIT ZITRONEN-KRÄUTER-KRUSTE

Macht Feierlaune

1 Petersilie und Thymian fein hacken. Mit Butter, Zitronenschale, Salz, Pfeffer und Semmelbröseln verkneten.

2 Backofengrill vorheizen. Lammlachse trocken tupfen, in 6 dicke Scheiben schneiden, salzen und pfeffern. Im Öl auf jeder Seite 1–2 Min. anbraten. Auf ein mit Backpapier belegtes Blech legen und mit der Kräuterkruste bestreichen. Unter dem heißen Backofengrill (2. Schiene von oben) in 4–5 Min. goldbraun braten.

3 Joghurt mit Salz, Pfeffer und gehackter Minze verrühren. Zu den Steaks servieren.

Für 2 Personen
1 Rinderhüftsteak (ca. 200 g)
150 g Schweinefilet
1 Zucchino (ca. 170 g)
½ orange Paprikaschote
½ TL rosenscharfes Paprikapulver
4 EL Olivenöl
1 TL getrockneter Oregano
Salz, Pfeffer
2 Tomaten, 1 Schalotte
2 EL Ketchup
4 Schaschlikspieße
Zubereitung: 30 Min.
pro Portion ca. 445 kcal

STEAK-GEMÜSE-SPIESSE

Passt auch auf den Grill

1 Steak und Filet trocken tupfen, in je 4 Stücke schneiden. Zucchino in 2 cm dicke Scheiben schneiden. Paprika entkernen und in Stücke teilen. Gemüse und Fleisch abwechselnd auf 4 Schaschlikspieße stecken. 3 EL Öl, Paprikapulver, Oregano, Salz und Pfeffer verrühren, Spieße damit bestreichen.

2 Öl in einer Grillpfanne stark erhitzen, Spieße 6–8 Min. braten, zwischendurch wenden und mit Marinade bestreichen. Tomaten waschen, vierteln, entkernen und würfeln. Schalotte schälen, fein hacken. Beides mit Ketchup, Salz und Pfeffer vermischen. Zu den Spießen reichen.

NUDELN

Für 2 Personen
200 g Farfalle
Salz
300 g junge Zucchini
150 g Kirschtomaten
1 Knoblauchzehe
6–8 Zweige Thymian
2 EL Olivenöl
100 ml Gemüsebrühe
2 EL Zitronensaft
Pfeffer
100 g Feta
Zubereitung: 25 Min.
pro Portion ca. 640 kcal

FARFALLE MIT ZUCCHINI UND FETA

Macht gesund satt

1 Nudeln in kochendem Salzwasser bissfest garen. Inzwischen Zucchini waschen, putzen und in dünne Scheiben schneiden. Tomaten waschen und halbieren. Knoblauch schälen und würfeln. Thymian abbrausen, Blättchen abstreifen.

2 Das Öl in einer großen Pfanne heiß werden lassen, Zucchini unter Wenden 1–2 Min. anbraten. Knoblauch und Thymian kurz mitbraten. Brühe und Zitronensaft zugießen, würzen. Alles zugedeckt bei milder Hitze 3 Min. dünsten.

3 Nudeln abgießen, kurz abtropfen und mit den Tomaten untermischen, 1–2 Min. ziehen lassen. Feta grob hacken und obendrauf streuen.

Für 2 Personen
2 Möhren
300 g Brokkoli
200 g Penne
Salz
4 Frühlingszwiebeln
1 Knoblauchzehe
40 g Walnusskerne
2 EL Öl
1 EL Butter
Pfeffer
1–2 EL Zitronensaft
Zubereitung: 30 Min.
pro Portion ca. 695 kcal

GEMÜSE-WALNUSS-PENNE

Nussiger Gemüsehit

1 Möhren schälen und in Scheiben schneiden. Brokkoli putzen, in Röschen teilen. Stiele schälen, klein schneiden. Nudeln in reichlich kochendem Salzwasser bissfest garen, Möhren und Brokkoli 2 Min. mitkochen.

2 Frühlingszwiebeln waschen, putzen und in feine Ringe schneiden. Knoblauch schälen, ebenso wie die Nüsse hacken. Öl und Butter erhitzen, Zwiebeln, Knoblauch und Nüsse 1 Min. braten. Mit Salz, Pfeffer und Zitronensaft würzen.

3 Nudeln und Gemüse abgießen, gut abtropfen lassen. In die Pfanne geben, 3–4 Min. unter Wenden mitbraten, salzen und pfeffern.

Für 2 Personen
250 g Spaghetti
Salz
150 g TK-Erbsen
1 rote Peperoni
150 g Garnelen (Kühlregal)
3 Knoblauchzehen
4–5 EL Olivenöl
1–2 EL Zitronensaft
Pfeffer
3–4 Stängel Basilikum
Zubereitung: 25 Min.
pro Portion ca. 800 kcal

SPAGHETTI AGLIO E OLIO MIT GARNELEN

Schnelle Lieblings-Pasta

1 Spaghetti in kochendem Salzwasser nach Packungsangabe garen, 3 Min. vor Ende der Garzeit die gefrorenen Erbsen dazugeben. Inzwischen die Peperoni entkernen und klein würfeln. Knoblauch schälen und in dünne Scheiben schneiden. Garnelen waschen und gut trocken tupfen.

2 In einer großen Pfanne das Öl erhitzen. Knoblauch und Peperoni darin leicht anbraten, Garnelen und Zitronensaft dazugeben, erhitzen. Nudeln und Erbsen abgießen, abtropfen lassen und untermischen, mit Salz und Pfeffer würzen. Basilikumblätter abzupfen, grob hacken und darüberstreuen.

Für 2 Personen
150 g Tagliatelle, Salz
je 125 g Austernpilze und Champignons
1 Zwiebel
1 Knoblauchzehe
2 EL Olivenöl
1 EL Tomatenmark
⅛ l Gemüsebrühe
1 Dose gehackte Tomaten (200 g Inhalt)
Pfeffer
1 TL Oregano
½ Bund Petersilie
40 g gewürfelter Katenschinken
Zubereitung: 25 Min.
pro Portion ca. 450 kcal

PILZ-TAGLIATELLE MIT TOMATEN

Ratzfatz fertig

1 Nudeln in reichlich kochendem Salzwasser nach Packungsangabe garen. Inzwischen Pilze halbieren oder vierteln. Zwiebel und Knoblauch schälen, fein hacken und im Öl andünsten. Pilze zugeben, 3 Min. mitbraten. Tomatenmark unterrühren, kurz anschwitzen. Brühe und Tomaten zugeben. Mit Salz, Pfeffer und Oregano würzen, offen bei milder Hitze 5 Min. kochen.

2 Petersilie hacken. Nudeln abgießen, kurz abtropfen und mit der Petersilie unter die Sauce mischen. Mit Schinken bestreut servieren.

Für 2 Personen
300 g Spinat-Ricotta-Tortelloni (Kühlregal)
Salz
2 Zweige Salbei
1 Bio-Zitrone
2 Knoblauchzehen
1 EL Olivenöl
50 g Butter
Pfeffer
2 EL frisch gehobelter Parmesan
Zubereitung: 20 Min.
pro Portion ca. 555 kcal

SPINAT-TORTELLONI IN ZITRONEN-SALBEI-SAUCE

Kräuterwürzig und pur

1 Die Tortelloni nach Packungsangabe in kochendem Salzwasser 2–4 Min. garen.

2 Inzwischen die Salbeiblätter abzupfen. Zitrone heiß waschen und abtrocknen. Die Schale dünn abschälen und in feine Streifen schneiden oder mit einem Zestenschneider abziehen. Knoblauch schälen, in Scheiben schneiden.

3 In einer beschichteten Pfanne Öl und Butter erhitzen. Salbei, Zitronenschale und Knoblauch darin leicht bräunen. Tortelloni abgießen, kurz abtropfen lassen und in der Pfanne schwenken. Mit Pfeffer würzen und mit Parmesan bestreuen.

Für 2 Personen
2 rote und 1 gelbe Spitzpaprika
1 Schalotte
1 Knoblauchzehe
1 EL Olivenöl
⅛ l Gemüsebrühe
200 g Sahne
1 EL gehackter Thymian (oder 1 TL getrockneter)
Salz, Pfeffer
150 g Tortiglioni
60 g Gorgonzola
Zubereitung: 30 Min.
pro Portion ca. 800 kcal

PASTA MIT PAPRIKARAHM UND GORGONZOLA

Sahniger Genuss

1 Paprika in Streifen schneiden. Schalotte und Knoblauch schälen und fein würfeln, im heißen Öl in einem Topf glasig dünsten. Mit der Brühe ablöschen und 5 Min. stark einkochen lassen. Sahne zugeben, 5 Min. bei mittlerer Hitze kochen. Rote Paprikastreifen und Thymian in die Sauce geben, aufkochen, salzen und pfeffern.

2 Inzwischen Nudeln in reichlich kochendem Salzwasser nach Packungsanweisung garen, abgießen, tropfnass mit dem Paprikarahm vermengen. Mit zerbröseltem Gorgonzola und gelben Paprikastreifen bestreut servieren.

KARTOFFELN

Für 2 Personen
400 g kleine neue Kartoffeln
Salz
300 g weißer Spargel
1 EL Butter
1 EL Mehl
⅛ l Gemüsebrühe
125 g Sahne
½ Bund Petersilie
½ Bund Schnittlauch
Pfeffer
125 g Katenschinken (in Scheiben)
Zubereitung: 30 Min.
pro Portion ca. 485 kcal

PELLKARTOFFELN MIT KRÄUTERSPARGEL

Voller Verwöhnaromen

1 Kartoffeln waschen und mit Salzwasser bedeckt in 20 Min. gar kochen. Spargel putzen, schälen und schräg in dünne Scheiben schneiden, in der Butter 3 Min. andünsten. Mit dem Mehl bestäuben, kurz anschwitzen. Brühe und Sahne dazugießen, unter Rühren aufkochen und zugedeckt bei milder Hitze 8 Min. garen.

2 Inzwischen Petersilie abzupfen und hacken, Schnittlauch in feine Röllchen schneiden. Kräuter unter das Gemüse heben, salzen und pfeffern. Kartoffeln abgießen, kurz ausdämpfen lassen, mit Schinken und Spargel servieren.

Für 2 Personen
500 g kleine neue Kartoffeln, Salz
1 orange oder gelbe Paprikaschote
2 Tomaten
1 kleine weiße Zwiebel
2 Frühlingszwiebeln
4 EL weißer Balsamico
1 TL Senf, Pfeffer
1 TL flüssiger Honig
6 EL Olivenöl
2 geräucherte Pfeffer-Makrelenfilets
Zubereitung: 30 Min.
pro Portion ca. 760 kcal

LAUWARMER KARTOFFELSALAT MIT MAKRELE

Leichter Klassiker

1 Kartoffeln waschen, in Salzwasser in 20–25 Min. gar kochen. Inzwischen Paprikaschote putzen, waschen und klein würfeln. Tomaten halbieren, entkernen und in Würfel schneiden. Zwiebel schälen, fein hacken. Frühlingszwiebeln waschen und in dünne Scheiben schneiden.

2 Essig, Senf, Salz, Pfeffer, Honig und Öl in einer Schüssel verrühren, das vorbereitete Gemüse darin wenden. Kartoffeln abgießen, pellen und in dicke Scheiben schneiden, sofort unter das Gemüse heben. Mit Salz und Pfeffer abschmecken. Mit den Makrelenfilets anrichten.

Für 2 Personen
1 Zwiebel
150 g Kirschtomaten
50 g Rucola
5–6 Zweige Thymian
150 g Hähnchen-brustfilet
Salz
Pfeffer
1 TL edelsüßes Paprikapulver
3 EL Olivenöl
400 g Gnocchi (Kühlregal)
20 g gehobelter Parmesan
Zubereitung: 25 Min.
pro Portion ca. 410 kcal

GNOCCHI-HÄHNCHEN-PFANNE

Mediterranes Festessen

1 Zwiebel schälen und in Halbringe schneiden. Tomaten waschen und halbieren. Rucola putzen und grob hacken. Thymianblättchen abstreifen.

2 Hähnchenfilet waschen, in Stücke schneiden. Mit Salz, Pfeffer und Paprikapulver würzen, in 1 EL Öl rundherum 2–3 Min. anbraten. Herausnehmen, Gnocchi und Zwiebel im übrigen Öl in 2–3 Min. goldbraun braten. Tomaten und Thymian zufügen, 1 Min. mitbraten. Hähnchen und Rucola untermischen, salzen und pfeffern. Mit Parmesan bestreut servieren.

Für 2 Personen
400 g vorwiegend fest kochende Kartoffeln
1 Kohlrabi, Salz
2 Lachsfilets (à 150 g)
Pfeffer, 1 EL Öl
1½ EL Butter
1 EL Sonnenblumenkerne
150 g Schmant
5 EL warme Milch
½ Bund Basilikum
Zubereitung: 30 Min.
pro Portion ca. 770 kcal

KOHLRABI-KARTOFFEL-PÜREE MIT LACHS

Macht leicht satt

1 Kartoffeln und Kohlrabi schälen, würfeln und in Salzwasser 15 Min. kochen. Inzwischen die Lachsfilets waschen, trocken tupfen, salzen und pfeffern. 1 EL Öl und 1 EL Butter in einer beschichteten Pfanne erhitzen, Lachsfilets darin auf beiden Seiten 5–6 Min. anbraten. Sonnenblumenkerne 1–2 Min. mitbraten.

2 Gemüse abgießen, bei milder Hitze kurz im Topf ausdampfen lassen, dann mit dem Kartoffelstampfer zerdrücken. Schmant, Milch und übrige Butter unterrühren, salzen und pfeffern. Basilikum abzupfen, hacken und unterheben. Mit Lachs und Sonnenblumenkernen anrichten.

Für 2 Personen
500 g kleine Kartoffeln
3 EL Olivenöl
75 g durchwachsener Räucherspeck
1 Zwiebel
1 Knoblauchzehe
120 g dicke weiße Bohnen (Dose)
2 Zweige Salbei
50 g getrocknete Tomaten, Pfeffer
Zubereitung: 30 Min.
pro Portion ca. 610 kcal

MEDITERRANE BRATKARTOFFELN

Schmeckt nach Sommer und Süden

1 Kartoffeln waschen, vierteln und gut abtrocknen. 2 EL Öl in einer großen Pfanne erhitzen. Kartoffeln darin bei mittlerer Hitze 15 Min. braten, dabei öfters wenden. Salzen.

2 Inzwischen den Speck fein würfeln. Zwiebel fein hacken, Knoblauch in Scheibchen schneiden. Bohnen abtropfen lassen. Salbeiblätter abzupfen, streifig schneiden. Tomaten klein würfeln.

3 Übriges Öl erhitzen, Speck, Zwiebel, Knoblauch und Salbei zu den Kartoffeln geben und 4–5 Min. mitbraten. Bohnen und Tomaten untermischen und noch 2–3 Min. mitbraten. Mit Salz und Pfeffer würzen.

Für 2 Personen
375 g gekochter Kartoffelknödelteig (Kühlregal)
1 kleine Zwiebel
Salz, Pfeffer
50 g Mehl
1 Eigelb, 2 EL Sesam
1 EL Butterschmalz
1 kleiner Apfel
1 Frühlingszwiebel
250 g Quark
100 ml Milch
2 EL Zitronensaft
Zubereitung: 30 Min.
pro Portion ca. 630 kcal

SESAM-KARTOFFELTALER MIT APFELQUARK

Raffinierte Mischung

1 Kartoffelteig in eine Schüssel geben. Mit der fein gewürfelten Zwiebel, Salz, Pfeffer, Mehl und Eigelb verkneten. Mit bemehlten Händen eine 20 cm lange Rolle formen, in 8 Scheiben schneiden. Diese im Sesam wenden und in einer großen beschichteten Pfanne im Schmalz von jeder Seite 3–4 Min. goldbraun braten.

2 Den Apfel entkernen und klein würfeln. Frühlingszwiebel putzen und fein schneiden. Quark und Milch verrühren, mit Salz, Pfeffer und Zitronensaft würzen. Apfel und Zwiebel unterheben, Quark zu den Kartoffeltalern servieren.

GEMÜSE

Für 2 Personen
1 gelbe Paprikaschote
1 Zucchino (ca. 150 g)
150 g Kirschtomaten
1 Zwiebel
1 Knoblauchzehe
50 g Manchego-Käse
80 g Chorizo (ersatzweise Cabanossi)
2 EL Olivenöl
Salz, Cayennepfeffer
50 g schwarze Oliven
Zubereitung: 25 Min.
pro Portion ca. 440 kcal

SPANISCHE GEMÜSEPFANNE

Voller Gemüse und Temperament

1 Paprika halbieren, waschen, putzen und in Stücke schneiden. Zucchino putzen, in dünne Scheiben schneiden. Tomaten waschen und halbieren. Zwiebel schälen und würfeln. Knoblauch schälen und hacken. Käse grob raspeln. Chorizo in dünne Scheiben schneiden.

2 Öl in einer Pfanne erhitzen, Zwiebel und Paprika 3 Min. andünsten. Zucchini und Knoblauch 2 Min. mitdünsten. Mit Salz und Cayennepfeffer würzen. Tomaten, Chorizo und Oliven unterheben. Käse aufstreuen. Zugedeckt 5 Min. ziehen lassen, bis der Käse geschmolzen ist. Dazu schmecken Spiegeleier und Baguette.

Für 2 Personen
1 kleine Aubergine (ca. 250 g)
100 g Möhren
1 Dose Kichererbsen (240 g)
1 rote Zwiebel
1 EL Öl
⅛ l Gemüsebrühe
200 g ungesüßte Kokosmilch (Dose)
1–2 TL rote Currypaste
Salz
½ Bund Petersilie
Zubereitung: 30 Min.
pro Portion ca. 485 kcal

AUBERGINEN-CURRY MIT KICHERERBSEN

Exotisch und raffiniert

1 Aubergine waschen, längs vierteln und in dicke Scheiben schneiden. Möhren schälen und würfeln. Kichererbsen abgießen, abbrausen und gut abtropfen lassen. Zwiebel schälen und in dünne Scheiben schneiden.

2 Öl in einer Pfanne erhitzen, Zwiebel darin glasig dünsten. Möhren und Aubergine zufügen, 2–3 Min. mitdünsten. Mit Brühe und Kokosmilch aufgießen, zugedeckt bei milder Hitze 8 Min. schmoren. Kichererbsen und Currypaste zufügen, 2 Min. mitkochen, salzen. Petersilie hacken und aufstreuen. Dazu schmeckt Fladenbrot.

Für 2 Personen
200 g Basilikumtofu (oder Tofu natur)
Salz
Pfeffer
400 g Kirschtomaten
1 kleine Zwiebel
½ TL Zucker
⅛ l Olivenöl
5 EL trockener Weißwein
1 EL Pesto
3–4 Stängel Basilikum
Zubereitung: 20 Min.
pro Portion ca. 265 kcal

TOMATEN-TOFU-GEMÜSE

Ausgefallene Kombination

1 Tofu trocken tupfen, würfeln, salzen und pfeffern. Tomaten waschen, größere halbieren. Zwiebel schälen, hacken und mit dem Zucker in 1 EL Öl bei kleiner Hitze 3 Min. andünsten. Mit dem Wein ablöschen, fast einkochen lassen. Tomaten zugeben, 3 Min. bei milder Hitze dünsten. Mit Pesto, Salz und Pfeffer würzen.

2 Inzwischen das übrige Öl in einem kleinen Topf erhitzen, darin den Tofu in 2 Portionen in 3–4 Min. ausbraten. Auf Küchenpapier kurz abtropfen lassen, unter die Tomaten heben. Basilikum abzupfen, hacken und darüberstreuen.

Für 2 Personen
100 g Instant-Couscous
Salz
75 g Bacon
200 g grüne Bohnen
100 g TK-Erbsen
150 g Staudensellerie
2 EL Olivenöl
1 Zweig Rosmarin
Pfeffer
⅛ l Gemüsebrühe
200 g Sahnejoghurt
1–2 EL Zitronensaft
Zubereitung: 30 Min.
pro Portion ca. 680 kcal

GRÜNER GEMÜSE-COUSCOUS

Knackig grün und mediterran

1 Couscous salzen, mit 100 ml kochendem Wasser übergießen, 5–6 Min. quellen lassen.

2 Inzwischen Bacon in feine Streifen schneiden. Bohnen halbieren. Erbsen antauen lassen. Sellerie in 2 cm große Stücke schneiden.

3 Öl in einer großen Pfanne erhitzen, Bacon kross braten. Gemüse zugeben, 2–3 Min. andünsten. Rosmarin hacken und hinzufügen. Salzen und pfeffern. Brühe angießen, zugedeckt 10 Min. dünsten. Couscous unterrühren, würzen. Joghurt mit Zitronensaft verrühren, salzen und pfeffern. Zu dem Gemüse-Couscous servieren.

Für 2 Personen
400 g schlanke Bundmöhren
1 Zwiebel, 1 EL Öl
1 EL flüssiger Honig
⅛ l Gemüsebrühe
Salz, Pfeffer
125 g junger Blattspinat
100 g Feta
1½ EL Sesam
Zubereitung: 30 Min.
pro Portion ca. 295 kcal

GRATINIERTE MÖHREN MIT FETA

Macht gesund satt

1 Backofen auf 200° (Umluft 180°) vorheizen. Möhren schälen und längs halbieren. Zwiebel in Halbringe schneiden. Öl in einer großen Pfanne erhitzen, Möhren und Zwiebel 2 Min. andünsten. Mit Honig und Brühe ablöschen, salzen, pfeffern. Zugedeckt bei mittlerer Hitze 7 Min. dünsten.

2 Spinat verlesen, waschen, abtropfen lassen und zu den Möhren geben. Zugedeckt in 1–2 Min. zusammenfallen lassen.

3 Gemüse in eine Gratinform geben, Feta zerbröseln und mit dem Sesam darauf verteilen. Im Ofen (Mitte) 10 Min. backen. Mit Baguette oder Fladenbrot servieren.

Für 2 Personen
350 g Blumenkohl
Salz
4 kleine feste Strauchtomaten
2 Eier, 1 EL Öl
100 ml Milch
60 g Greyerzer, gerieben
Pfeffer
2 EL Mehl
4 Stängel Petersilie
Butter für die Form
Zubereitung: 30 Min.
pro Portion ca. 400 kcal

BLUMENKOHL-CLAFOUTIS

Leckerer Gemüseauflauf

1 Backofen auf 220° (Umluft 200°) vorheizen. Blumenkohl putzen und in kleine Röschen teilen und in kochendem Salzwasser 5 Min. blanchieren, dann abschrecken und gut abtropfen lassen. Tomaten waschen und achteln. Eier trennen. Eigelb mit Öl, Milch, Käse, Salz und Pfeffer verrühren. Eiweiß steif schlagen und mit dem Mehl unterheben.

2 Eine Gratinform (Ø 26 cm) fetten und Teig einfüllen. Gemüse darauf verteilen, salzen und pfeffern. Im Ofen (2. Schiene von unten) 12–15 Min. backen. Petersilie waschen, trocken schütteln, hacken und auf den Clafoutis streuen.

GEWOKTES

Für 2 Personen
1–2 EL Weißweinessig
1–2 EL brauner Zucker
4 EL Sojasauce
2 EL Tomatenketchup
300 g Rotbarschfilet
2 EL Mehl
1 rote Paprikaschote
150 g Bio-Minigurke
1 zarte Stange Lauch
2 EL Öl
Salz, Pfeffer
Zubereitung: 30 Min.
pro Portion ca. 370 kcal

ROTBARSCH SÜSS-SAUER

Für Asia-Fans

1 Essig, Zucker, 2 EL Sojasauce und Ketchup glatt rühren. Fischfilet trocken tupfen, in Stücke schneiden, mit 2 EL Sojasauce mischen, in Mehl wenden. Paprika waschen, entkernen und würfeln. Gurke waschen, längs halbieren und entkernen, Lauch längs aufschlitzen und waschen. Beides in dünne Scheiben schneiden.

2 Öl im Wok stark erhitzen, Rotbarsch in zwei Portionen in 4 Min. anbraten. Herausnehmen, Gemüse in den Wok geben, 3 Min. unter Rühren braten. Sauce dazugießen, salzen und pfeffern. Fisch zufügen, 2 Min. ziehen lassen. Dazu schmeckt weißer Patnareis.

Für 2 Personen
2 Pangasiusfilets (300 g)
3 EL Teriyaki-Sauce
150 g Chinakohl
1 Möhre
2 Frühlingszwiebeln
1 EL Chilisauce
Salz
1 Knoblauchzehe
4 EL Sojasauce
3 Stängel Koriandergrün
Zubereitung: 30 Min.
pro Portion ca. 230 kcal

GEDÄMPFTES PANGASIUS-FILET MIT CHINAKOHL

Zart, mild und saftig

1 Fischfilet waschen, trocken tupfen und auf beiden Seiten mit 1 EL Teriyaki-Sauce bestreichen. Gemüse waschen und putzen. Chinakohl in feine Streifen, Möhre in Stifte und Frühlingszwiebeln in dünne Ringe schneiden. Alles mit der übrigen Teriyaki- und der Chilisauce vermengen.

2 Im Wok ½ l Wasser mit Salz, geschälter Knoblauchzehe und Sojasauce aufkochen. Fisch in einen Dämpfeinsatz legen, Gemüse darauf verteilen. Wok-Deckel auflegen, alles bei mittlerer Hitze 15 Min. dämpfen. 6 EL Sud mit Korianderblättern als Würzsauce dazu reichen. Mit weißem Patnareis servieren.

Für 2 Personen
150 g Mie-Eiernudeln
Salz
3 Schalotten
1 Stück Ingwer (ca. 2 cm)
1 EL Öl
400 g TK-Asia-Gemüse
100 ml Gemüsebrühe
3 EL Sojasauce
2 TL Sesamöl
Pfeffer
Zubereitung: 15 Min.
pro Portion ca. 565 kcal

ASIA-BRATGEMÜSE MIT NUDELN

Schneller geht's nicht

1 Die Nudeln nach Packungsangabe in kochend heißem Salzwasser 4 Min. ziehen lassen. In ein Sieb abgießen und abtropfen lassen.

2 Inzwischen Schalotten schälen und in Spalten schneiden, Ingwer schälen und würfeln. Das Öl im Wok erhitzen, Schalotten und Ingwer kurz anbraten. Gefrorenes Gemüse dazugeben, unter Rühren 3–4 Min. braten. Nudeln untermischen und unter gelegentlichem Wenden in 3 Min. heiß werden lassen.

3 Die Brühe, Sojasauce und Sesamöl verrühren, dazugießen. Salzen und pfeffern.

Für 2 Portionen
250 g Tofu
200 g Zuckerschoten
150 g Mungobohnensprossen
1 Knoblauchzehe
7 EL Öl
1 EL Sesam
3 EL helle Sojasauce
100 ml Gemüsebrühe
Zubereitung: 25 Min.
pro Portion ca. 370 kcal

GEBRATENE ZUCKERSCHOTEN MIT TOFU

Elegante Mischung

1 Den Tofu 1–2 cm groß würfeln. Zuckerschoten putzen, Sprossen abbrausen und verlesen. Knoblauch schälen und fein hacken.

2 Erst den Wok, dann 4 EL Öl darin stark erhitzen. Tofu unter Wenden in zwei Portionen in 4 Min. hellbraun anbraten, dann Sesam und Knoblauch 30 Sek. mitrösten. Alles herausheben, in einem Sieb abtropfen lassen.

3 Übriges Öl im Wok erhitzen, Zuckerschoten bei starker Hitze unter Schwenken 1–2 Min. braten. Nacheinander Sprossen, Sojasauce und Brühe zugeben und 2–3 Min. bei milder Hitze garen. Tofu mit Sesam zufügen, kurz erwärmen. Dazu schmeckt weißer Patnareis.

Für 2 Personen
5 Ananasringe (Dose)
3–4 kleine Strauchtomaten
2–3 Blätter Eisbergsalat
1 Baguette (250 g)
2 EL Frischkäse
5–6 Spritzer Tabasco
100 g gekochter Schinken (in Scheiben)
Salz
Pfeffer
120 g Chili-Grünländer (in Scheiben)
Zubereitung: 25 Min.
pro Portion ca. 745 kcal

CROQUE HAWAII

Klassiker neu, chilischarf

1 Backofen auf 200° (Umluft 180°) vorheizen. Die Ananasringe halbieren. Tomaten waschen, in Scheiben schneiden. Salatblätter waschen, trocken schütteln und grob zerpflücken.

2 Das Baguette einmal längs und quer halbieren. Frischkäse und Tabasco verrühren, auf die Hälften streichen. Untere Hälften mit Salat und Schinken belegen, darauf überlappend Tomaten und Ananas schichten, salzen und pfeffern. Käse halbieren, darauflegen. Im Ofen (2. Schiene von unten) 10 Min. überbacken. Vor dem Servieren die oberen Hälften auf die überbackenen Baguettes legen.

SCHARFES

Für 2 Personen
4 EL Mehl
100 ml Milch
2 Eier, Salz
2 TL Öl
80 g Doppelrahm-Frischkäse
3 EL Meerrettich (Glas)
Pfeffer
2–4 Kopfsalatblätter
150 g Räucherlachs
30 g Rettich- oder Radieschensprossen
½ Kästchen Kresse
Zubereitung: 30 Min.
pro Portion ca. 595 kcal

MEERRETTICH-LACHS-ROLLEN

Macht Müde blitzschnell munter

1 Mehl und Milch mit Eiern und 1 Prise Salz glatt rühren. In einer beschichteten Pfanne (Ø 26 cm) je 1 TL Öl erhitzen, nacheinander zwei Pfannkuchen in jeweils 5–6 Min. backen.

2 Inzwischen den Frischkäse mit Meerrettich, Salz und Pfeffer glatt rühren, Pfannkuchen damit bestreichen. Mit je 1–2 Salatblättern belegen. Lachs darauf verteilen, mit den Sprossen bestreuen. Pfannkuchen aufrollen und mit Kresse bestreut servieren.

Für 2 Personen
200 g geschälte, rohe Garnelen
5 EL süß-scharfe Chilisauce
2 EL Limettensaft
1 Stück Ingwer (ca. 2 cm)
200 g Ananas
1 Bund Frühlingszwiebeln
150 g Möhren
1 EL Öl
5 EL Sojasauce
Zubereitung: 25 Min.
pro Portion ca. 255 kcal

SÜSS-SCHARFE GARNELEN

Schnell, scharf und delikat

1 Garnelen abbrausen und trocken tupfen. Chilisauce und Limettensaft verrühren. Ingwer schälen, fein würfeln und untermischen. Garnelen darin wenden und ziehen lassen.

2 Ananas in kleine Stücke schneiden. Frühlingszwiebeln waschen und in 4–5 cm lange Stücke schneiden. Möhren schälen, in Stifte teilen.

3 Abgetropfte Garnelen im Öl in einer Pfanne 2 Min. anbraten. Ananasstücke, Frühlingszwiebeln und Möhren kurz anbraten, mit der Marinade und Sojasauce ablöschen, alles 3–5 Min. dünsten. Dazu passt weißer Reis.

Für 2 Personen
100 g Langkornreis
Salz
100 g Schalotten
1 Knoblauchzehe
3 rote Chilischoten
½ Bund Petersilie
30 g gesalzene Erdnüsse
3 EL Öl
300 g Fischfilet (z. B. Zander, Rotbarsch)
Pfeffer
Zubereitung: 30 Min.
pro Portion ca. 565 kcal

FISCH MIT SCHARFEM ERDNUSS-REIS

Reis mal anders

1 Reis nach Packungsangabe in ¼ l Salzwasser zubereiten. Schalotten schälen, in Spalten schneiden. Knoblauch schälen, fein würfeln. Chilis halbieren, entkernen und quer in feine Streifen schneiden. Petersilie waschen, abzupfen und klein schneiden, Erdnüsse hacken.

2 In einer Pfanne 2 EL Öl erhitzen, Schalotten, Knoblauch und Chilis 1 Min. anbraten. Reis, Nüsse und Petersilie zugeben, 2 Min. unter Rühren mitbraten, salzen.

3 Die Fischfilets trocken tupfen, salzen und pfeffern, im übrigen mäßig heißen Öl 2–3 Min. von jeder Seite braten. Zum Chilireis servieren.

Für 2 Personen
2 Putenschnitzel (à ca. 125 g)
Salz, Pfeffer
30 g scharfe Tortilla-Chips
2 EL Semmelbrösel
2 EL Mehl
1 Ei, 2 EL Öl
1 reife Avocado
2 EL Zitronensaft
3 Frühlingszwiebeln
200 g Tomaten
einige Spritzer Tabasco
Zubereitung: 25 Min.
pro Portion ca. 445 kcal

TORTILLA-SCHNITZEL MIT AVOCADO-SALSA

Mexikanisch scharf

1 Schnitzel salzen und pfeffern. Chips zerdrücken, mit den Bröseln mischen. Schnitzel im Mehl wenden, durch das verquirlte Ei ziehen, in der Panade wenden. Im Öl in einer beschichteten Pfanne bei mittlerer Hitze beidseitig in 8–10 Min. goldbraun braten.

2 Inzwischen die Avocado halbieren, entsteinen, Fruchtfleisch aus der Schale heben, würfeln. Mit Zitronensaft beträufeln. Frühlingszwiebeln fein schneiden, Tomaten vierteln, entkernen und klein würfeln, unter die Avocado heben. Mit Salz, Pfeffer und Tabasco würzen.

Für 2 Personen
250 g Rinderhüftsteaks
2 TL gemahlener Pfeffer
1 Schalotte
1 rote Paprikaschote
200 g Spitzkohl
2 EL Öl
Salz
200 ml Rinderfond (Glas)
100 g Sahne
1½ TL Speisestärke
Zubereitung: 25 Min.
pro Portion ca. 520 kcal

PFEFFERGESCHNETZELTES MIT SPITZKOHL

Für echte Pfeffer-Fans

1 Fleisch in feine Streifen schneiden, mit dem Pfeffer vermischen. Schalotte schälen und fein würfeln. Paprika waschen, putzen und in Streifen schneiden. Spitzkohl putzen und in Rauten teilen.

2 In einer Pfanne 1 EL Öl erhitzen, Fleisch darin bei starker Hitze in 1–2 Min. anbraten, salzen und beiseitestellen. Schalotte, Paprika und Spitzkohl im übrigen Öl kurz anbraten. Mit dem Fond ablöschen, alles 2–3 Min. leise kochen lassen. Sahne und Stärke verrühren, einrühren, einmal aufkochen lassen. Fleisch dazugeben und 2–3 Min. ziehen lassen. Dazu schmecken Spätzle oder Nudeln.

Für 2 Personen
200 g Spaghetti
Salz
1 Zwiebel
1 Knoblauchzehe
1 EL Olivenöl
1 Dose pikante Pizzasauce (400 g)
2 getrocknete rote Chilischoten
1 Dose Thunfisch in Öl (140 g)
Pfeffer
2–3 Stängel Basilikum
Zubereitung: 30 Min.
pro Portion ca. 670 kcal

SPAGHETTI THUNFISCH ALL'ARRABBIATA

Schmeckt nach Sommer und Meer

1 Spaghetti in reichlich kochendem Salzwasser nach Packungsangabe bissfest garen. Inzwischen Zwiebel und Knoblauch schälen, fein würfeln und im heißen Öl in einer Pfanne glasig dünsten. Pizzasauce einrühren, Chilischoten zerbröseln, dazugeben. Alles offen bei milder Hitze 10 Min. kochen lassen.

2 Den Thunfisch grob zerpflücken, samt Öl zufügen, salzen und pfeffern. Die Nudeln abgießen, kurz abtropfen lassen und unter die Tomatensauce heben. Basilikum abzupfen, grob zerkleinern und obendrauf streuen.

SÜSSES

Für 2 Personen
2 EL Butter
2 EL Semmelbrösel
1 Päckchen Vanillezucker
½ TL Zimt
150 g Himbeeren
500 g Schupfnudeln (Kühlregal)
1 EL Zitronensaft
1 EL Puderzucker
Zubereitung: 20 Min.
pro Portion ca. 535 kcal

SCHUPFNUDELN MIT HIMBEERSAUCE

Bayerischer Klassiker, süß variiert

1 In einer beschichteten Pfanne 1 EL Butter erhitzen. Brösel, Vanillezucker und Zimt darin bei mittlerer Hitze unter Rühren goldbraun rösten. Brösel auf einem Teller abkühlen lassen.

2 Übrige Butter in der Pfanne schmelzen, Schupfnudeln darin unter Wenden bei mittlerer Hitze in 5–10 Min. goldbraun braten. Inzwischen Himbeeren verlesen, nur wenn nötig waschen. 50 g beiseitelegen, übrige Beeren mit dem Zitronensaft und Puderzucker fein pürieren.

3 Schupfnudeln mit der Himbeersauce und den Himbeeren anrichten, mit den Zimtbröseln bestreuen.

Für 2 Personen
2 EL getrocknete Cranberrys, 3 Eier
150 g Magerquark
⅛ l Milch
je 2 EL Zucker und Mehl, Salz
1 EL Butter
2 EL gehackte Mandeln
250 g Erdbeeren
1–2 EL Puderzucker zum Bestäuben
Zubereitung: 30 Min.
pro Portion ca. 475 kcal

CRANBERRY-QUARK-SCHMARREN

Klassiker mal anders

1 Backofen auf 200° (Umluft 180°) vorheizen. Cranberrys grob hacken. Eier trennen. Eigelb mit Quark, Milch, Cranberrys, Zucker und Mehl verrühren. Eiweiß mit Salz steif schlagen, unter die Quarkmasse heben.

2 Butter in einer beschichteten, ofenfesten Pfanne (Ø 28 cm) erhitzen. Teig einfüllen, mit Mandeln bestreuen, 2–3 Min. braten. Pfanne in den Ofen (Mitte) stellen, Schmarren 15 Min. backen.

3 Inzwischen Erdbeeren waschen und vierteln. Schmarren mit zwei Gabeln zerreißen und mit Puderzucker bestäuben. Erdbeeren dazuservieren.

Für 2 Personen
300 g frische oder TK-Heidelbeeren
1 Bio-Orange
200 g Dickmilch
300 g Kefir
2 EL Puderzucker
30 g Baiser (Fertigprodukt)
Zubereitung: 20 Min.
pro Portion ca. 355 kcal

HEIDELBEER-KALTSCHALE

Macht Sommerlaune

1 Heidelbeeren 10 Min. antauen lassen. Inzwischen die Orange heiß waschen, abtrocknen und die Schale dünn abreiben, Saft auspressen. 150 g Heidelbeeren abnehmen, mit dem Orangensaft beträufeln. Im Mixer oder mit dem Stabmixer fein pürieren.

2 Dickmilch, Kefir, Orangenschale und Puderzucker dazugeben und alles kurz und kräftig durchmixen. Übrige Beeren untermischen. Baiser mit einem Messer grob zerkleinern. Kaltschale auf zwei Tellern anrichten, mit den Baiserwürfeln bestreuen.

Für 2 Personen
300 ml Milch
200 ml ungesüßte Kokosmilch (Dose)
abgeriebene Schale von 1 Bio-Limette
2 EL brauner Zucker
125 g Kurzzeit-Milchreis
1 kleine reife Mango
4 EL Orangensaft
2 EL Orangenmarmelade
2 EL Kokosraspel
100 g Magerquark
Zubereitung: 25 Min.
pro Portion ca. 545 kcal

KOKOS-MILCHREIS MIT MANGO

Orientalisch angehaucht

1 Milch und Kokosmilch aufkochen. Limettenschale mit dem Zucker unterrühren. Reis einstreuen, 5 Min. kochen. Zugedeckt bei milder Hitze 10 Min. quellen lassen, ab und zu umrühren.

2 Inzwischen die Mango schälen, Fruchtfleisch vom Stein schneiden und würfeln. Orangensaft und -marmelade verrühren, erwärmen, Mango darin wenden. Kokosraspel in einer Pfanne ohne Fett goldbraun rösten.

3 Reis in eine Schüssel füllen, den Quark locker unterheben. Mango dazuservieren, Kokosraspel darüberstreuen.

Für 2 Personen
100 g Mehl
1/8 l Milch
2 Eier
2 EL Zucker
abgeriebene Schale ½ Bio-Zitrone
1 EL Zitronensaft
2 kleine säuerliche Äpfel
4 TL Butterschmalz
100 g Crème fraîche
3 EL Preiselbeerkonfitüre (Glas)
Zubereitung: 30 Min.
pro Portion ca. 670 kcal

APFEL-PFANNKUCHEN MIT PREISELBEERCREME

Schmeckt nach Mama

1 Mehl, Milch, Eier, Zucker und Zitronenschale zu einem glatten Teig verrühren, 10 Min. ruhen lassen. Äpfel in Spalten schneiden, mit Zitronensaft beträufeln.

2 In einer beschichteten Pfanne (Ø 20 cm) 1 TL Schmalz erhitzen. Hälfte des Teigs einfüllen, Apfelspalten darauf verteilen, 4–5 Min. braten, bis die Unterseite goldbraun ist. Pfannkuchen mit Hilfe eines großen, flachen Topfdeckels wenden, noch 3 Min. braten, dann warm halten. Zweiten Pfannkuchen ebenso zubereiten.

3 Crème fraîche und Preiselbeeren locker vermischen, dazuservieren.

Für 2 Personen
250 g TK-Schattenmorellen
200 ml Kirschsaft
3 EL Zucker
1 EL Speisestärke
¼ l Milch
1 Ei
¼ TL Zimt
8 Scheiben Baguette (120 g)
4 EL gehobelte Mandeln
2 EL Butterschmalz
Zubereitung: 25 Min.
pro Portion ca. 650 kcal

ARME RITTER MIT KIRSCHKOMPOTT

Weckt nostalgische Gefühle

1 Gefrorene Kirschen mit dem Saft bis auf 3 EL und 2 EL Zucker aufkochen. Stärke und übrigen Saft glatt rühren, zu den Kirschen geben, kurz aufkochen, andicken lassen, vom Herd nehmen.

2 Milch, Ei, übrigen Zucker und Zimt verrühren. Baguettescheiben mit der Eiermilch begießen, 3–4 Min. stehen lassen, zwischendurch wenden. In den Mandelblättchen wälzen.

3 Schmalz in einer beschichteten Pfanne erhitzen, Brotscheiben auf beiden Seiten bei mittlerer Hitze je 2–3 Min. braten. Auf Küchenpapier kurz abtropfen lassen. Mit dem Kompott servieren.

REGISTER

IMPRESSUM

Autorin: Martina Kittler, erfahrene und begeisterte Food-Autorin, hat für jeden Hunger ein Rezept in der Handtasche.

Fotograf: Wolfgang Schardt fotografiert in seinem Studio in Hamburg mit viel Feingefühl für Farben und Formen und mächtig viel Hunger auf...Handtaschenrezepte?
Fotoassistenz: Anke Politt
Foodstyling: Susanne Walter
Foodstyling Assistenz: Kathleen Schmidt
Requisiten: Miriam Geyer

Programmleitung: Doris Schmalhofer-Birk
Leitende Redakteurin: Stephanie Wenzel
Redaktion: Monika Greiner
Lektorat: Margarethe Brunner
Korrektorat: Waltraud Schmidt
Cover und Innenlayout: independent Medien-Design, Marta Olesniewicz
Satz: Christopher Hammond

Herstellung: Markus Plötz
Reproduktion: Longo AG, Bozen
Druck: Printed in China

Syndication:
www.jalag-syndication.de

ISBN 978-3-8338-1582-9

4. Auflage 2010

GRÄFE UND UNZER

Ein Unternehmen der
GANSKE VERLAGSGRUPPE